AF483718

55x5 Manifesting Journal

MANIFEST YOUR DREAM LIFE

NITIN ARUNRAM

About This Journal

This journal is about a 55x5 manifestation method to attract your dreams and practice the law of attraction every day in your life. Align your brain to increase the positive vibration and manifestation of the exact things in your life by writing your dreams repeatedly for a certain period. This Journal will help you to create a positive mindset toward life and increase the chances of better visualization and manifestation of your dreams and your quality of life.

How to Use this Journal

This journal is divided into multiple separate parts for your different Wishes or Dreams: Always follow the sample 55x5 Manifestation page to write your affirmation every time. you should need to write your single affirmation in every part 55 times for 5 days Consistently. Every part contains unique and separate affirmations for a specific thing. your dreams are always be divided into 4 areas of life health, money, relationships and career to achieve and maintain happiness in your life. This journal contains *Multiple* sections for *Multiple* dreams, so let's give the try to uplift your vibration and manifest your dream easily.

55x5 Manifestation

I am **Nitin Arunram** take the responsibility for this affirmation to manifest this dream in my life very easily. thank you universe!!!

Life Area: Health

Your Affirmation:

Thank you Universe!! I am so happy and Satisfied with my strong and healthy body every day for my whole life.

55x5 Affirmation Sample

DATE:

1. Thank you Universe!! I am so happy and Satisfied with my strong and healthy body every day for my whole life.

2.

3.

4.

5.

6.

7.

8.

9.

10.

11.

12.

13.

14.

15.

16.

17.

18.

19.

20.

21.

22.

23.

24.

25.

26.

27.

28.

29.

30.

31.

32.

33.

34.

35.

36.

37.

38.

39.

40.

41.

42.

43.

44.

45.

46.

47.

48.

49. ....

....

50. ....

....

51. ....

....

52. ....

....

53. ....

....

54. ....

....

55. ....

....

End of this Day

55x5 Manifestation

I am ______________________________ taking the responsibility for this affirmation to manifest this dream in my life very easily. thank you universe!!!

Life Area: ____________

Your Affirmation:

____

____

____

____

55x5 Affirmation
Day 1

DATE:

1.

2.

3.

4.

5.

6.

7.

8.

9.

10.

11.

12.

13.

14.

15.

16.

17.

18.

19.

20.

21.

22.

23.

24.

25.

26.

27.

28.

29.

30.

31.

32.

33.

34.

35.

36.

37.

38.

39.

40.

41.

42.

43.

44.

45.

46.

47.

48.

49.

50.

51.

52.

53.

54.

55.

End of this Day

55x5 Affirmation Day 2

DATE:

1.

2.

3.

4.

5.

6.

7.

8.

9.

10.

11.

12.

13.

14.

15.

16.

17.

18.

19.

20.

21.

22.

23.

24.

25.

26.

27.

28.

29.

30.

31.

32.

33.

34.

35.

36.

37.

38.

39.

40.

41.

42.

43.

44.

45.

46.

47.

48.

49.

50.

51.

52.

53.

54.

55.

End of this Day

55x5 Affirmation
Day 3

DATE:

1.

2.

3.

4.

5.

6.

7.

8.

9.

10.

11.

12.

13.

14.

15.

16.

17.

18.

19.

20.

21.

22.

23.

24.

25.

26.

27.

28.

29.

30.

31.

32.

33.

34.

35.

36.

37.

38.

39.

40.

41.

42.

43.

44.

45.

46.

47.

48.

49.

50.

51.

52.

53.

54.

55.

End of this Day

55x5 Affirmation
Day 4

1.

2.

3.

4.

5.

6.

7.

8.

9.

10.

11.

12.

13.

14.

15.

16.

17.

18.

19.

20.

21.

22.

23.

24.

25.

26.

27.

28.

29.

30.

31.

32.

33.

34.

35.

36.

37.

38.

39.

40.

41.

42.

43.

44.

45.

46.

47.

48.

49.

50.

51.

52.

53.

54.

55.

End of this Day

55x5 Affirmation
Day 5

DATE:

1.

2.

3.

4.

5.

6.

7.

8.

9.

10.

11.

12.

13.

14.

15.

16.

17.

18.

19.

20.

21.

22.

23.

24.

25.

26.

27.

28.

29.

30.

31.

32.

33.

34.

35.

36.

37.

38.

39.

40.

41.

42.

43.

44.

45.

46.

47.

48.

49.

50.

51.

52.

53.

54.

55.

End of this Day

55x5 Manifestation

I am ____________________________ taking the responsibility for this affirmation to manifest this dream in my life very easily. thank you universe!!!

Life Area: ____________

Your Affirmation:

____

____

____

____

55x5 Affirmation Day 1

DATE:

1.

2.

3.

4.

5.

6.

7.

8.

9.

10.

11.

12.

13.

14.

15.

16.

17.

18.

19.

20.

21.

22.

23.

24.

25.

26.

27.

28.

29.

30.

31.

32.

33.

34.

35.

36.

37.

38.

39.

40.

41.

42.

43.

44.

45.

46.

47.

48.

49.

50.

51.

52.

53.

54.

55.

End of this Day

55x5 Affirmation Day 2

DATE:

1.

2.

3.

4.

5.

6.

7.

8.

9.

10.

11.

12.

13.

14.

15.

16.

17.

18.

19.

20.

21.

22.

23.

24.

25.

26.

27.

28.

29.

30.

31.

32.

33.

34.

35.

36.

37.

38.

39.

40.

41.

42.

43.

44.

45.

46.

47.

48.

49.

50.

51.

52.

53.

54.

55.

End of this Day

55x5 Affirmation Day 3

DATE:

1.

2.

3.

4.

5.

6.

7.

8.

9.

10.

11.

12.

13.

14.

15.

16.

17.

18.

19.

20.

21.

22.

23.

24.

25.

26.

27.

28.

29.

30.

31.

32.

33.

34.

35.

36.

37.

38.

39.

40.

41.

42.

43.

44.

45.

46.

47.

48.

49.

50.

51.

52.

53.

54.

55.

End of this Day

55x5 Affirmation
Day 4

DATE:

1.

2.

3.

4.

5.

6.

7.

8.

9.

10.

11.

12.

13.

14.

15.

16.

17.

18.

19.

20.

21.

22.

23.

24.

25.

26.

27.

28.

29.

30.

31.

32.

33.

34.

35.

36.

37.

38.

39.

40.

41.

42.

43.

44.

45.

46.

47.

48.

49.

50.

51.

52.

53.

54.

55.

End of this Day

55x5 Affirmation
Day 5

1.

2.

3.

4.

5.

6.

7.

8.

9.

10.

11.

12.

13.

14.

15.

16.

17.

18.

19.

20.

21.

22.

23.

24.

25.

26.

27.

28.

29.

30.

31.

32.

33.

34.

35.

36.

37.

38.

39.

40.

41.

42.

43.

44.

45.

46.

47.

48.

49.

50.

51.

52.

53.

54.

55.

End of this Day

55x5 Manifestation

I am _____________________________ taking the responsibility for this affirmation to manifest this dream in my life very easily. thank you universe!!!

Life Area: ____________

Your Affirmation:

____

____

____

____

55x5 Affirmation
Day 1

DATE:

1.

2.

3.

4.

5.

6.

7.

8.

9.

10.

11.

12.

13.

14.

15.

16.

17.

18.

19.

20.

21.

22.

23.

24.

25.

26.

27.

28.

29.

30.

31.

32.

33.

34.

35.

36.

37.

38.

39.

40.

41.

42.

43.

44.

45.

46.

47.

48.

49. ....

....

50. ....

....

51. ....

....

52. ....

....

53. ....

....

54. ....

....

55. ....

....

End of this Day

55x5 Affirmation
Day 2

DATE:

1.

2.

3.

4.

5.

6.

7.

8.

9.

10.

11.

12.

13.

14.

15.

16.

17.

18.

19.

20.

21.

22.

23.

24.

25.

26.

27.

28.

29.

30.

31.

32.

33.

34.

35.

36.

37.

38.

39.

40.

41.

42.

43.

44.

45.

46.

47.

48.

49.

50.

51.

52.

53.

54.

55.

End of this Day

55x5 Affirmation
Day 3

DATE:

1.

2.

3.

4.

5.

6.

7.

8.

9.

10.

11.

12.

13.

14.

15.

16.

17.

18.

19.

20.

21.

22.

23.

24.

25.

26.

27.

28.

29.

30.

31.

32.

33.

34.

35.

36.

37.

38.

39.

40.

41.

42.

43.

44.

45.

46.

47.

48.

49.

50.

51.

52.

53.

54.

55.

End of this Day

55x5 Affirmation
Day 4

DATE:

1.

2.

3.

4.

5.

6.

7.

8.

9.

10.

11.

12.

13.

14.

15.

16.

17.

18.

19.

20.

21.

22.

23.

24.

25.

26.

27.

28.

29.

30.

31.

32.

33.

34.

35.

36.

37.

38.

39.

40.

41.

42.

43.

44.

45.

46.

47.

48.

49.

50.

51.

52.

53.

54.

55.

End of this Day

55x5 Affirmation Day 5

DATE:

1.

2.

3.

4.

5.

6.

7.

8.

9.

10.

11.

12.

13.

14.

15.

16.

17.

18.

19.

20.

21.

22.

23.

24.

25.

26.

27.

28.

29.

30.

31.

32.

33.

34.

35.

36.

37.

38.

39.

40.

41.

42.

43.

44.

45.

46.

47.

48.

49.

50.

51.

52.

53.

54.

55.

End of this Day

55x5 Manifestation

I am _________________________ taking the responsibility for this affirmation to manifest this dream in my life very easily. thank you universe!!!

Life Area: ____________

Your Affirmation:

____

____

____

____

55x5 Affirmation Day 1

DATE:

1.

2.

3.

4.

5.

6.

7.

8.

9.

10.

11.

12.

13.

14.

15.

16.

17.

18.

19.

20.

21.

22.

23.

24.

25.

26.

27.

28.

29.

30.

31.

32.

33.

34.

35.

36.

37.

38.

39.

40.

41.

42.

43.

44.

45.

46.

47.

48.

49.

50.

51.

52.

53.

54.

55.

End of this Day

55x5 Affirmation
Day 2

DATE:

1.

2.

3.

4.

5.

6.

7.

8.

9.

10.

11.

12.

13.

14.

15.

16.

17.

18.

19.

20.

21.

22.

23.

24.

25.

26.

27.

28.

29.

30.

31.

32.

33.

34.

35.

36.

37.

38.

39.

40.

41.

42.

43.

44.

45.

46.

47.

48.

49.

50.

51.

52.

53.

54.

55.

End of this Day

55x5 Affirmation Day 3

DATE:

1.
2.
3.
4.
5.
6.
7.
8.

9.

10.

11.

12.

13.

14.

15.

16.

17.

18.

19.

20.

21.

22.

23.

24.

25.

26.

27.

28.

29.

30.

31.

32.

33.

34.

35.

36.

37.

38.

39.

40.

41.

42.

43.

44.

45.

46.

47.

48.

49.

50.

51.

52.

53.

54.

55.

End of this Day

55x5 Affirmation Day 4

DATE:

1.

2.

3.

4.

5.

6.

7.

8.

9.

10.

11.

12.

13.

14.

15.

16.

17.

18.

19.

20.

21.

22.

23.

24.

25.

26.

27.

28.

29.

30.

31.

32.

33.

34.

35.

36.

37.

38.

39.

40.

41.

42.

43.

44.

45.

46.

47.

48.

49.

50.

51.

52.

53.

54.

55.

End of this Day

55x5 Affirmation Day 5

DATE:

1.

2.

3.

4.

5.

6.

7.

8.

9.

10.

11.

12.

13.

14.

15.

16.

17.

18.

19.

20.

21.

22.

23.

24.

25.

26.

27.

28.

29.

30.

31.

32.

33.

34.

35.

36.

37.

38.

39.

40.

41.

42.

43.

44.

45.

46.

47.

48.

49.

50.

51.

52.

53.

54.

55.

End of this Day

55x5 Manifestation

I am ____________________________ taking the responsibility for this affirmation to manifest this dream in my life very easily. thank you universe!!!

Life Area: ____________

Your Affirmation:

____

____

____

____

55x5 Affirmation Day 1

DATE:

1.

2.

3.

4.

5.

6.

7.

8.

9.

10.

11.

12.

13.

14.

15.

16.

17.

18.

19.

20.

21.

22.

23.

24.

25.

26.

27.

28.

29.

30.

31.

32.

33.

34.

35.

36.

37.

38.

39.

40.

41.

42.

43.

44.

45.

46.

47.

48.

49.

50.

51.

52.

53.

54.

55.

End of this Day

55x5 Affirmation
Day 2

DATE:

1.

2.

3.

4.

5.

6.

7.

8.

9.

10.

11.

12.

13.

14.

15.

16.

17.

18.

19.

20.

21.

22.

23.

24.

25.

26.

27.

28.

29.

30.

31.

32.

33.

34.

35.

36.

37.

38.

39.

40.

41.

42.

43.

44.

45.

46.

47.

48.

49.

50.

51.

52.

53.

54.

55.

End of this Day

55x5 Affirmation
Day 3

DATE:

1.

2.

3.

4.

5.

6.

7.

8.

9. ....

....

10. ....

....

11. ....

....

12. ....

....

13. ....

....

14. ....

....

15. ....

....

16. ....

....

17. ....

....

18. ....

....

19.

20.

21.

22.

23.

24.

25.

26.

27.

28.

29.

30.

31.

32.

33.

34.

35.

36.

37.

38.

39.

40.

41.

42.

43.

44.

45.

46.

47.

48.

49.

50.

51.

52.

53.

54.

55.

End of this Day

55x5 Affirmation
Day 4

DATE:

1.

2.

3.

4.

5.

6.

7.

8.

9. ....

....

10. ....

....

11. ....

....

12. ....

....

13. ....

....

14. ....

....

15. ....

....

16. ....

....

17. ....

....

18. ....

....

19.

20.

21.

22.

23.

24.

25.

26.

27.

28.

29.

30.

31.

32.

33.

34.

35.

36.

37.

38.

39.

40.

41.

42.

43.

44.

45.

46.

47.

48.

49.

50.

51.

52.

53.

54.

55.

End of this Day

55x5 Affirmation
Day 5

DATE:

1.

2.

3.

4.

5.

6.

7.

8.

9.

10.

11.

12.

13.

14.

15.

16.

17.

18.

19.

20.

21.

22.

23.

24.

25.

26.

27.

28.

29.

30.

31.

32.

33.

34.

35.

36.

37.

38.

39.

40.

41.

42.

43.

44.

45.

46.

47.

48.

49.

50.

51.

52.

53.

54.

55.

End of this Day

55x5 Manifestation

I am ___________________________ taking the responsibility for this affirmation to manifest this dream in my life very easily. thank you universe!!!

Life Area: ____________

Your Affirmation:

____

____

____

____

55x5 Affirmation
Day 1

1.

2.

3.

4.

5.

6.

7.

8.

9.

10.

11.

12.

13.

14.

15.

16.

17.

18.

19.

20.

21.

22.

23.

24.

25.

26.

27.

28.

29.

30.

31.

32.

33.

34.

35.

36.

37.

38.

39.

40.

41.

42.

43.

44.

45.

46.

47.

48.

49.

50.

51.

52.

53.

54.

55.

End of this Day

55x5 Affirmation Day 2

DATE:

1.

2.

3.

4.

5.

6.

7.

8.

9.

10.

11.

12.

13.

14.

15.

16.

17.

18.

19.

20.

21.

22.

23.

24.

25.

26.

27.

28.

29.

30.

31.

32.

33.

34.

35.

36.

37.

38.

39.

40.

41.

42.

43.

44.

45.

46.

47.

48.

49.

50.

51.

52.

53.

54.

55.

End of this Day

55x5 Affirmation Day 3

DATE:

1.

2.

3.

4.

5.

6.

7.

8.

9.

10.

11.

12.

13.

14.

15.

16.

17.

18.

19.

20.

21.

22.

23.

24.

25.

26.

27.

28.

29.

30.

31.

32.

33.

34.

35.

36.

37.

38.

39.

40.

41.

42.

43.

44.

45.

46.

47.

48.

49.

50.

51.

52.

53.

54.

55.

End of this Day

55x5 Affirmation
Day 4

DATE:

1.

2.

3.

4.

5.

6.

7.

8.

9.

10.

11.

12.

13.

14.

15.

16.

17.

18.

19.

20.

21.

22.

23.

24.

25.

26.

27.

28.

29.

30.

31.

32.

33.

34.

35.

36.

37.

38.

39.

40.

41.

42.

43.

44.

45.

46.

47.

48.

49.

50.

51.

52.

53.

54.

55.

End of this Day

55x5 Affirmation
Day 5

DATE:

1.

2.

3.

4.

5.

6.

7.

8.

9.

10.

11.

12.

13.

14.

15.

16.

17.

18.

19.

20.

21.

22.

23.

24.

25.

26.

27.

28.

29.

30.

31.

32.

33.

34.

35.

36.

37.

38.

39.

40.

41.

42.

43.

44.

45.

46.

47.

48.

49.

50.

51.

52.

53.

54.

55.

End of this Day

www.ingramcontent.com/pod-product-compliance
Lightning Source LLC
Chambersburg PA
CBHW040732120726
48010CB00002B/91